英語と日本語で読んでみよう

著・監修／
パトリック・ハーラン（パックン）

世界に勇気と希望をくれたメッセージ

①コロナ禍のなかで

中満 泉

ジェーン・グドール

バラク・オバマ

ジャシンダ・アーダーン

フランク＝ヴァルター・シュタインマイヤー

池上 彰

編／稲葉茂勝

岩崎書店

はじめに

新型コロナウイルス感染症（COVID-19）の脅威に、世界中の人びとが恐れおののいていた2020年春、イタリアのある高校の校長先生のメッセージが話題となりました。それは、外出が制限されるなかで休校が決まり、これからの生活にたいへんな不安をかかえている生徒に向けたものでした。おそろしいのは、ウイルスより人の心、過去の歴史がそれを教えている、本を読もうといった内容のメッセージは、インターネットに乗って、世界中の人たちに届けられました。

おりしもぼくたちは、このシリーズ「**世界に勇気と希望をくれたメッセージ**」の編集作業にありました。"I have a dream."というキング牧師の演説、"The war is won, but the peace is not." というアルベルト・アインシュタインの演説、"Do not despair." というチャールズ・チャップリンの演説、そのほか歴史に残る演説などを、平和、環境、文化といったジャンルごとに分類した本をつくっていたのです。

しばらくして世界に一大変化が起こることがわかりました。大量生産・大量消費の時代が終わり、現代人の生活が大きく変化し、人びとの価値観までもが変わるかもしれない！ そう考えたぼくたちは、このシリーズの第1巻として『コロナ禍のなかで（Life in the Age of COVID-19）』をまとめることを決定（2020年2月末）。予想され

ているCOVID-19の第2波、第3波、そして、かならずやってくる、新しい感染症とのたたかいのときにも、じっくり読んでもらえる本をつくっていくことにしました。シリーズの巻構成は次のとおりです。

① コロナ禍のなかで
② 平和・人権に関して
③ 環境の問題
④ 文化・スポーツ界で

なお、このシリーズでは、英語のメッセージをパックンに日本語にしてもらい（そのほかの言語のものは一度英語にしてから）、日本語のものは、同じくパックンに英語に翻訳してもらって、その両方を味わってもらえるようにしました。さらに、それぞれのメッセージについてのパックンのコメントを掲載することにしました。

さあ、ぼくたちがパックンといっしょに選んだ、勇気と希望がもらえるメッセージを読んで、さまざまなことを深く考えてください。

子どもジャーナリスト　稲葉茂勝

「コロナ禍」について

2019年12月、中国湖北省武漢市で原因不明の肺炎を発症した患者が発見されて以降、「新型コロナウイルス感染症（COVID-19）」が、またたく間に世界中に拡大。世界保健機関（WHO）が3月11日、パンデミック（世界的感染拡大）に指定した。その後、日本では「コロナ禍」という言葉がよく聞かれるようになった。「禍」は、「災い」や「不幸なできごと」のことで、さまざまな災難や危機的状況をさす。世界各地で国境封鎖、外出禁止、休校・休業などの措置がとられ、経済が打撃を受けた。有効なワクチンや治療薬の開発が急がれたが、2020年内の完成はむずかしいといわれた。

FOREWORD

In the spring of 2020, as the threat of COVID-19 spread around the world, a message from a high school principal in Italy went viral. His school was closed, his students were home in quarantine, and his message was directed to them. It talked of how a person's heart could be scarier than the virus. History has taught us that. He encouraged his students to read, to learn, and his words struck a chord with people around the world.

Just when this was happening, Pakkun and our team were in the process of making this series "**Words of Courage and Hope that Moved the World**". We were focusing on important messages and speeches about peace, the environment, culture and more, that had an impact on history: "I have a dream," by Martin Luther King Jr., "The war is won, but the peace is not," by Albert Einstein and "Do not despair," by Charles Chaplin, to name a few.

We realized that the moment we were experiencing now also might represent a major episode in world history. The era of mass production and mass consumption was perhaps about to end. Across the globe, people's way of living may be undergoing radical change. Their ways of thinking, too!

With that in mind, we have decided to begin our series with the theme, "Life in the Age of COVID-19" (end of February, 2020). We hope this book will become a reference for those looking back on this time, perhaps when experiencing a second or third wave of COVID-19, or perhaps when confronting another, inevitable viral threat. Or, of course, at any other moment when inspiration is needed.

This series will address the following topics:

① **Life in the Age of COVID-19**
② **Peace and Human Rights**
③ **Environment**
④ **Culture and Sports**

We translated all material originally in English directly to Japanese, and vice versa. Material originally in other languages has been translated to English first and then Japanese. This process itself is very instructive, and Pakkun will relate what he has learned and his personal perspective after each piece.

Now, without further ado, let us explore the words that give us courage and hope. We hope this series will stimulate deep thought and productive dialogue.

Journalist for Children Shigekatsu Inaba
Translated by Patrick Harlan

2ページの冒頭に記した、イタリアのある校長先生のメッセージの背景についてもう少しくわしく見てみましょう。

COVID-19とイタリア

中国湖北省武漢市で2019年12月末、重度の肺炎を引き起こすことがある新型コロナウイルス感染症（COVID-19）の感染者が世界ではじめて発見されました。翌年1月30日には、イタリアで最初の感染者（中国からの観光客）が見つかりました。イタリア政府はその翌日に「緊急事態宣言」を発令。中国からの飛行機の乗り入れを禁止しました。しかし、3月28日には、世界で一番早くCOVID-19による死者数が1万人をこえてしまいました。

COVID-19のおそろしさ

コロナウイルスは、かぜの病原体の1つとしてふつうに存在するウイルスですが、2020年にパンデミック（世界的な大流行）を起こし、世界中を恐怖に落としこんだコロナウイルスは、それまでのものとはまったくちがいました。このウイルスに感染すると、急な発熱、強いだるさ、嗅覚・味覚障害があらわれます。重篤になる患者も続出。高齢者や基礎疾患のある人は死にいたる可能性が高まります。その一方、無症状・軽症の人（感染者の8割）や潜伏期間（1〜12.5日といわれる）にある人からも感染してしまいます。

このようにCOVID-19は、とてもやっかいなウイルスによる感染症。治療法やワクチンも開発されていません。パンデミックがいつまで続くのかわからず、世界中の人びとの恐怖は長く続いてしまいました。

世界が共感するメッセージ

校長先生の名前は、ドメニコ・スキラーチェ（→p6）さん、イタリア最大の州ロンバルディア州の大都市ミラノにあるアレッサンドロ・ヴォルタ高校に勤務しています。3月末のこの州のCOVID-19による死者数は、国内の6割にのぼりました。

スキラーチェ校長が「生徒への手紙」と題したメッセージを高校のホームページに掲載したのは、2月25日。政府によって同州の学校の休校措置がとられた翌日のことでした（当時の国内感染者数は約300人）。事態の全容が見えないなか、不安を感じる生徒たちに向けた校長先生の言葉は、おりしも同じような状況下にあった日本でも話題となり、人びとを勇気づけるメッセージとして、テレビや新聞にもとりあげられました。41ページに登場する池上彰さんも、早くも3月8日のテレビの特別番組で、そのメッセージを読みあげ、すばらしさを伝えました。5月中旬には、「生徒への手紙」を紹介する『「これから」の時代を生きる君たちへ』という本も出版されました（世界文化社刊）。

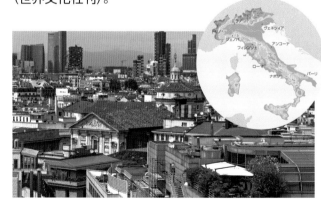

ミラノの人口は約140万人で、イタリアの都市で2番目に多い。

緊急事態宣言：自然災害や感染症の流行、戦争などで危険がせまっているときに国家などが発令する。特殊な権限を発動したり、注意をうながしたりする役割がある。基礎疾患：さまざまな病気の原因になる病気。糖尿病や高血圧、心臓病など。

写真：ロイター／アフロ

ミラノ大聖堂の前を通りすぎるマスクをした男性。どこか、7ページの中世の絵と似ている。
ミラノは観光地として人気だが、COVID-19の影響で観光客が激減した。

何が共感されたのか？

スキラーチェ校長は、生徒に向けたメッセージのなかで、世界的に知られるイタリアの歴史小説『いいなづけ』（マンゾーニ著）の一節を紹介して、「外国人は危険だと思いこんだり、権力者どうしが激しく衝突したり、最初の感染者をさがそうとしたり、感染者狩りをしたり、また、根拠のない噂話やばか

げた治療法にふりまわされたり、必需品の買いあさりをしたり、医療危機におちいったりなど、現在とそっくりな状況が描かれている」と指摘しました。そして、「マンゾーニの小説を読んでいるというより、今日の新聞を読んでいるような気にさせられる」と述べました。

このメッセージは2月25日、SNSにアップされるや、世界中に共感する人があらわれたのです。

5

スキラーチェ校長のメッセージは英語に訳されて世界中に広まりました。パックンといっしょにイタリア語と英語で見てみましょう。

イタリア語

"La peste che il tribunale della sanità aveva temuto che potesse entrar con le bande alemanne nel milanese, c'era entrata davvero, come è noto; ed è noto parimente che non si fermò qui, ma invase e spopolò una buona parte d'Italia….." Le parole appena citate sono quelle che aprono il capitolo 31 dei Promessi sposi, capitolo che insieme al successivo è interamente dedicato all'epidemia di peste che si abbatté su Milano nel 1630.

（アレッサンドロ・ヴォルタ高校公式サイトより）

上は、イタリア語だよ。イタリア語は、英語と同じローマ字をつかって書くんだ。フランス語、ドイツ語もローマ字‼ふしぎに思うことはないよ。日本語も、ローマ字で書けるでしょ！「パックン」は、Pakkun だね。

英語

'The pestilence, as the Tribunal of Health had feared, did enter the Milanese with the German troops. It is also known that it was not limited to that territory, but that it spread over and desolated a great part of Italy…' These words open chapter 31 of the historical novel "The Betrothed (I Promessi Sposi)". This chapter and the one following it, are entirely dedicated to the plague that hit Milan in 1630.

（上記イタリア語を英訳）

校長先生は何がいいたいのかな？8ページを見てごらん。

『いいなづけ』の31章冒頭の一節です。日本語にすると、「保健局がおそれていたことが現実になった。アラマン人たちが、ミラノに感染症を持ちこんだのだ。感染は、その地域にとどまることなくイタリア中に拡大し、荒廃させた……」となります。

ドメニコ・スキラーチェ(Domenico Squillace)は、1956年生まれ。大学では、哲学を専攻。ロンバルディア州・ミラノの高校で26年間、文学と歴史の教師をつとめる。その後、ロンバルディア州とピエモンテ州で６年間校長をつとめる。2013年からミラノのアレッサンドロ・ヴォルタ高校校長。

※p13、p19、p25、p31、p37、p43にも パックンの一言 がのっています。

パックンの一言

『風の谷のナウシカ』を見て！

　ぼくは、宮崎駿監督のアニメ『風の谷のナウシカ』の世界が、人類とウイルスとのたたかいのように思っていたんだけど、同じことを新聞に書いた大学の先生がいたんだ。下がその新聞。先生は、「人間の活動が拡大し、自然界の破壊が進むたびに、新しいウイルス感染が起きてきた」「新型コロナウイルスも、自然界と人間界のバランスを回復する役割をになっていると見るべきなのかもしれない」と書いている。前のページまでで紹介したイタリアのスキラーチェ校長先生は、生徒たちに古典文学を読んでみようと提案した。それと同じようにぼくは、『風の谷のナウシカ』を見てみるのもいいと思うよ。

中世のヨーロッパでペストが流行した際、医師は上のような格好をして診察していた。5ページの現代の写真とよく似ている。

慶應義塾大学の細谷雄一教授が書いた新聞記事。

（読売新聞2020年7月19日付）

地球を読む

1面の続き

13S　総合　2

観点は自然界との均衡

細谷雄一氏　1971年生まれ。慶大大学院博士課程修了。専門は国際政治学、外交史。2010年現職。近著に「新しい地政学」「軍事と政治　日本の選択」「迷走するイギリス―EU離脱と欧州の危機」。

　「風の谷のナウシカ」の「風の谷」と呼ばれる小さな村には、常に海からの新鮮な風が吹き込んでくる。そこで人々は、マスクなしに自由で穏やかな暮らしを営んでいる。

　しかし、目の前の腐海におびえ、これを焼き尽くそうとする人間がいる。その時出てくるのが「王蟲」だ。蟲の中で最も大きく、威厳ある王蟲は、怒り狂うと腐海の外へと大群で押し寄せ、暴走の果てに息絶えていく。後には新たな腐海が誕生する。王蟲は、新型コロナウイルスのメタファー（隠喩）のようだ。両者は自然を守るために、これ以上人間が環境破壊を続け、汚染をまき散らすのを阻止しようとしているのか。人間が活動の自然は再び息を吹き返し、イルスの登場がなければ、人間界は自然界を、より速いペースで破壊してきたのに、との指摘である。

　感染症の拡大に恐れおののいて嫌悪するばかりでなく、バランスを回復すると、マクニールよりもさらに10年早く指摘していたのが、国際政治学者の高坂正堯だった。高坂は、1968年に刊行した著書「世界地図の中で考える」で、人間の体内では、病原菌が全体の均衡を創り出す一つの要素となる場合が多いと分析する。すなわち、「病気はこうした微生物のバランスが崩れるときにおこる」のだと。高坂によれば、社会では、さまざまな要因が微妙な釣り合いを保っている。「この均衡は絶えず変化

　風の谷に住む族長ジルの娘こそが、主人公のナウシカだ。腐海の毒に尽くされた病床にある父に代わり、ナウシカは谷を治めている。

　物語には、重要な秘密がある。腐海は実は、人間が汚染と破壊を尽くした自然を浄化し、再生させる力を有している。大地は、腐海によって長い時間をかけて浄化されていく。その過程で瘴気があふれるのだ。由で穏やかな暮らしを営んで自然界は再び息を吹き返し、ウイルスの登場がなければ、人間界は自然界を、より速いペースで破壊してきたのに、との指摘である。

　感染症の拡大という観点から捉え直すことが欠かせない、との指摘である。

　同様に、病原菌と人体の間のバランスの重要性を、マクニールよりもさらに10年早く指摘していたのが、国際政治学者の高坂正堯だった。

　世界でも、題名にある「風の谷」の浄化されていく。その過程でしている。

　こうした視点を世界史の中で位置づけ直す作業をしたのが、ウィリアム・マクニールだった。彼は著書「疫病と世界史」の中で、次のように述べている。「人類が自然界全体のバランスの中で常に変化してやまない特殊な位置を占めている事実に対する一層深

　同志社女子大の村瀬学名誉教授も2004年刊行の著書「宮崎駿の『深み』へ」で、いち早く「風の谷のナウシカ」を感染症の拡大という視点と結びつけて論じていた。慧眼である。

　重要なのは、人間界と自然界との間で「バランス」を回復するという視点だ。

　いう視点も持ちたい。ものであろうとも。

ここでは、SNSなどで世界中に広まった、
英語に訳されたスキラーチェ校長のメッセージの
一部をもう少しくわしく見てみます。
意味は、5ページを参考にしてください。

この黄色い
ページは、おにいさんや
おねえさん、大人の人のために
英語にしたものだよ。
みんなも、もっと英語を勉強
すれば読めるようになるよ。
たのしみだね。

Everything we are experiencing now has already happened on those pages;
the widely held belief in the danger of foreigners, the violent clash between authorities,
①   ②
the spasmodic search for the first patient, the contempt for experts, the persecution of
③   ④   ⑤
the infected, the uncontrolled voices, the most absurd remedies, the run on basic
⑤   ⑥   ⑦   ⑧
necessities, the health emergencies. You will also realize that the words and ideas from
⑧   ⑨
Manzoni's novel seem to have appeared from the very pages of our newspapers today.

　英文のなかの①〜⑨は大人にもむずかしいですが、こういうことがマンゾーニの時代にもあったことを知れば、現代のコロナ禍も冷静になれるのではないでしょうか。

英語	日本語
①the widely held belief in the danger of foreigners	①外国人は危険だといった思いこみ （widely held belief は「広く信じられていること」）
②the violent clash between authorities	②権力者どうしの激しい衝突
③the spasmodic search for the first patient	③最初の感染者の捜索 （first patient は「最初の患者」）
④the contempt for experts	④専門家の軽視
⑤the persecution of the infected	⑤感染者狩り（persecution は「迫害」）
⑥the uncontrolled voices	⑥根拠のない噂話 （そのまま訳すと「制御されない声」。つまり噂話）
⑦the most absurd remedies	⑦ばかげた治療法
⑧the run on basic necessities	⑧必需品の買いあさり
⑨the health emergencies	⑨医療危機 （そのまま訳すと「健康上の緊急事態」）

ぼくは、
校長先生は、生徒たちに
①〜⑨のようなことを
してほしくないと
いいたいんだと
思うよ。

下の英文も、世界の人びとが共感したところです。
「コロナによる自粛期間（じしゅく）を利用して本を読もう」という
スキラーチェ校長の願いです。

ここは、わざと日本語をつけないよ。赤線のところだけは、英語の解説（かいせつ）をしておくけれど。

What I want to tell you, however, is to keep a cool head, and to not let yourself be dragged by the collective delusion, to continue—with due precautions—to lead a normal life. Take advantage of these days to read a good book. ① ② ③ ④ There is no reason to storm supermarkets and pharmacies.

英語

①Take advantage of
②these days
③to read
④a good book.

校長先生はもう1つ、この時期を利用して良い本をどんどん読むように生徒たちに訴（うった）えたんだね。

日本語

①〜を利用する
②これらの日
③読む（read）ために（to）
④良い本

コロナ禍（か）のイタリアの住宅（じゅうたく）。子どもたちは室内で本を読んでいるだろうか？
写真：ロイター / アフロ

これだけは暗記しよう！

※p15、p21、p27、p33、p39、p45にも パックンの1フレーズレッスン がのっています。

パックンの1フレーズレッスン

アイ ウィル スィー ユー オール アト スクール
I will see you all at school.

わたしは学校であなた方みんなを待っています。

これはスキラーチェ校長の「生徒への手紙」の最後の一文だよ。たくさんの英語の文のなかから、ぼくはこの最後の一文に注目！　ここに登場する see you が、みんながわかれるときによくつかう「じゃあね」にあたる言葉で、とても便利につかえるからなんだ。see you のあとに、「ふたたび」の意味の again をつけて see you again. とすると「またね」になるよ。すぐに会おうといいたいなら、see you soon. や see you later. というよ。みんなもさっそくつかってみよう！

もくじ

この本の見方　ひとりのメッセージにつき、下のような構成になっています。

①人物ごとの扉
だれによるいつのメッセージかを紹介。

メッセージを日本語で
読もう!

メッセージを英語で
読もう!

②メッセージ
日本語と英語（黄色いページ）で勇気と希望に
あふれるメッセージを紹介。

キーセンテンス
（カギになる一文）

パックンの一言
知っていてためになる情報を
パックンが伝えてくれる。

③もっと知りたい!
メッセージの背景
メッセージの背景をくわしく紹介。

パックンの
1フレーズレッスン
役に立つ英語の知識
が得られるコラム。

中満 泉
Izumi Nakamitsu

1963年生まれ。1989年に国連難民高等弁務官事務所（UNHCR）で国連職員としての仕事をはじめる。2017年、日本人女性としてはじめて国連事務次長軍縮担当上級代表に就任。世界中をかけめぐってきた。

日本でもCOVID-19の感染が拡大しはじめたころに、中満さんは「地球時代」という言葉をつかったメッセージを日本の子どもたちに発信。そこで、「3つの提案」をしたんだよ。次のページに、中満さんのメッセージが掲載されている。「3つの提案」は赤字になっているよ。

2020年3月1日、『毎日小学生新聞』の紙上

"I would like to propose three things." (→p14)

3つのことを提案したいと思います。(→p12)

中満さんは、国連のなかでも高いポジションにある
人ですが、日ごろから日本の子どもたちに
いろいろな形でメッセージを発信しています。

COVID-19が
まだ深刻でない
3月に、早くも「世界は
協力してこのウイルスと
たたかわないと
いけません」といって
いたんだ！

わたしは、21世紀の世界は地球規模でさまざまなことが起こる「地球時代」に入ったと考えています。世界のどこかではじまった問題が、瞬間に身近な問題になるのが地球時代。COVID-19は、まさにそう。これからしばらく、世界は協力してこのウイルスとたたかわないといけません。（中略）

みなさんはこれからの地球のにない手ですから、この地球を良くしていくためにわたしが大切だと思っている、3つのことを提案したいと思います。

1つ目は、いろいろな人の話を聞き、話しあうこと。とくに自分とことなる意見の人の話こそしっかり聞くことです。わたしは長く国連で仕事をしてきましたが、困難な問題を解決する新しいアイデアや方向性は、自分と正反対の考えを聞き、「あ、そういう考え方もあるんだ」などと対話するなかで生まれることが多いのです。女性も男性も、若い人も年配の人も、障がいを持った人やLGBTなど性的マイノリティー*1の人も平等に参加する、ダイバーシティ（多様性）*2の高い社会は、より良い決定ができるといわれます。

世界中のいろいろな人がくらすアメリカのニューヨーク市。多様性の典型のような町。

*1 「性的マイノリティー」とは、同性が好きな人や、自分の性に違和感をおぼえる人などをさす言葉。LGBTはその1つで、レズビアン、ゲイ、バイセクシャル、トランスジェンダーの略。

*2 「ダイバーシティ（多様性）」とは、さまざまな人種、性別、年齢などが存在すること。

2つ目は、勇気を持つこと。何だかおかしいと感じたら「どうして」「おかしいんじゃない？」と声に出す勇気です。わたしが勇気について学んだのは小学校3年生のときでした。クラスの男の子がおなかをこわしていたのでしょう、教室で大便をもらしてしまったのです。クラスメートがはやしたて、ものを投げつけるなか、少しまき毛のショートカットの女の子が「だいじょうぶだよ、さ、いこうね」と声をかけ教室からそっと連れだしました。その場に凍りついて何もいえなかったわたしは、今でも女の子の顔や名前まではっきりおぼえています。ふだんはとてもおとなしいその子に勇気がどういうものかを教わりました。仕事をはじめてからは、戦死したムスリム系[*3]の友人の妻と子どもを、命をかけてまで自宅でかくまったクロアチア系の男性や、自らの過酷な被爆体験を語ることで核廃絶運動に参加する被爆者の勇気を目の当たりにしてきました。そういう、いろんな勇気が世のなかを変えていくのだ、とわたしは、経験から痛感しています。（中略）

3つ目に、自分は世界を変えられる力を持っていると信じること。先がわからない、大きな変化はだれにとってもこわいことですね。でも、だからこそ、理想や将来の希望がわたしたちを連帯させてくれます。奴隷解放運動、人種差別とたたかうアメリカの公民権運動[*4]、南アフリカの反アパルトヘイト運動……おかしいと感じた人びとが声をあげ、キング牧師の有名な「わたしには夢がある」という演説にあるように、希望のために連帯していくことで世界を変えました。わたしたち人間はそういう力を持っている存在です。

パックンの一言

意見をよく聞いて、すばやく判断する

国連という巨大な組織で働く日本人はたくさんいるけれど、中満泉さんは、そのなかで事務次長のポジションにいる女性なんだよ。ぼくは、この本の「はじめに（FOREWORD）」を書いた稲葉さんが編集した、中満さんの『危機の現場に立つ』（講談社）を読んで感動したんだ。命がけで仕事をするすごい人が、ふつうの女性・母親としての話も書いているんだね。みんなにも、ぜひ読んでほしいな。

それはそうと、ぼくはこの本のあとのページで、「女性は危険を重視するが、男性はそれを軽視する」という説について書いているけれど、ここでは、ぼくが中満さんの本を読んで感じたことのうちの、ほんの1つを書くね。それは、「女性は人の意見をよく聞いて、すばやく判断する」ということだよ。中満さんは「3つの提案」を、すでに3月に発信していたんだ。世界の200近くある国ぐにが集まる国連のトップクラスの役職にある人が、いち早く日本の子どもたちに、わかる言葉でメッセージを送るなんて。みんなも、中満さんの3つの提案をしっかり守ってほしいな！

『危機の現場に立つ』
（中満泉、講談社）

*3「ムスリム」とは、イスラム教徒のこと。

*4「公民権運動」とは、1950～1960年代にアメリカで起きた、主に黒人による人種差別の撤廃と個人の権利の保障を訴えた運動。

中満さんは日ごろ、仕事でも家庭でも英語でくらしています。
でも、このメッセージは、日本語で発信。
それを英語にすると、次のようになります。

全体は、大人の人に読んでもらうといいね。でも3か所の赤字の部分だけは、12〜13ページの日本語とくらべて読んでみよう！　みんなのこれからの英語学習のためにも、やってごらん。

これからの「地球時代」にはダイバーシティ（多様性）が重要とされている。

I believe that the 21st century is "the global age", where much will happen on a global scale. That is precisely the case with COVID-19. When a problem that occurs somewhere in the world instantly becomes your concern, that is a global age. The world will have to work together to fight the virus for the foreseeable future. (...) I would like to propose three things that I think are important to make the world a better place to you, the young people who will carry this work forward.

Firstly, listen and talk to various people, especially of those who have different opinions from you. During my years working at the UN, there were many occasions when I listened to ideas opposite my own and realized, "Oh! You can think of it like that!" Dialogue leads to new ideas, directions and solutions to difficult problems. It is said that diverse societies where women and men, youth and the elderly, people with disabilities, and sexual minorities such as LGBT are able to participate equally, make better decisions.

Secondly, have courage. The courage to speak out when you feel something is wrong. To ask "Why?" to say "That is not right." I learned what courage was in the third grade. A boy from my class, most likely ill, had soiled his pants. While some of our classmates made fun and threw things at him, a girl with short wavy hair just said, "Don't worry. Let's go," and quietly led him out of the classroom. I was frozen on the spot, unable to speak, but I still remember her name and face. This quiet little girl had taught me what courage was. In my work, I have come seen the bravery of a Croatian man who risked his life sheltering the wife and child of his Muslim friend who died in war, and the bravery of the "hibakusha" who tell of their experiences of radiation exposure in order to rid the world of nuclear weapons. Through such experiences, I am well aware of how such courage changes the world. (...)

Thirdly, believe in your power to change the world. People fear change and the uncertainty that lies ahead. But that is also why we come together with shared ideals and hope for the future. The movement to abolish slavery, the American civil rights movement fighting racism, anti-apartheid movement in South Africa...people who felt something was wrong raised their voices, and just like Martin Luther King Jr.'s famous speech, "I have a dream", their hope brought them together to change the world. We, humans, have that power.

※下から2行目の赤字の部分は、このシリーズの第2巻に掲載してあるキング牧師の言葉です。
※ (...) は、中略（一部分を省略）したことを示しています。

これだけは暗記しよう！

パックンの1フレーズレッスン

Don't worry.
ドゥント ワーリ

心配しないで（だいじょうぶだよ）。

これは日常の場面でよくつかうフレーズだよ。don't 〜 は「〜しないで」という意味だけど、don't worry. は「心配しないで」というより、「だいじょうぶだよ」という意味でつかえるよ。

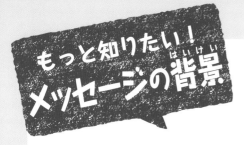

COVID-19は、世界共通の問題です。だからこそ「世界は協力してこのウイルスとたたかわないといけません」（→p12）と、中満さんは伝えています。

国連とCOVID-19（コヴィッド）

中満さんは国連で働いていますが、その国連の専門機関である世界保健機関（WHO）には、194か国・地域が加盟。国際的な衛生問題に対して、政府や専門家が調査や研究をおこなったり、必要に応じて勧告や宣言を出したりします。COVID-19に関しては、正確な情報を提供するのはもちろんのこと、各国のとるべき行動を計画したり、ワクチンの開発をしたりしています。2020年1月14日、中国から報告を受けたWHOは、患者から新型コロナウイルスが検出されたと発表しました。当初WHOは深刻な事態とは見ていませんでしたが、急速に感染者数が増え、ウイルスが中国以外にも広がりを見せると、1月30日に「国際的な公衆衛生上の緊急事態」を宣言しました。その後も感染は拡大する一方で、3月11日、WHOはCOVID-19が「パンデミック」だとの認識を示しました。このときの感染者は世界で12万人以上、死者は4000人以上でした。

Dr Tedros Adhanom Ghebreyesus
WHO DIRECTOR-GENERAL

Dr Maria Van K
TECHNICAL

COVID-19が「パンデミック」だと表明するWHOのテドロス・アダノム事務局長。

写真：新華社／アフロ

感染症とのたたかいは世界共通の課題

中満さんのメッセージは「立場の弱い人たち」にもスポットライトを当てています。WHOは4月、COVID-19の急速な感染拡大について、新興国と開発途上国に「社会、経済、政治の面で深刻な影響をおよぼす可能性がある」と述べました。国連開発計画（UNDP）もまた、途上国は短期的な健康危機のみならず、長期的な社会的・経済的危機に直面すると見ています。途上国における収入の損失は2200億ドル（約23兆円）をこえると予想されており、アフリカの全雇用の半分が失われる可能性があるというのです。

感染予防には、手洗いが必須とされていますが、途上国ではきれいな水やせっけんを手に入れられない人たちが多く、さらに医療体制が弱いため、今後の影響が心配されています。ブラジルやインドではすでに感染者数がそれぞれ360万人と310万人をこえています（8月25日時点）。こうしたなか国連は、途上国に対する約7100億円規模の人道支援を加盟国に求めるなどしています。

中満さんは別の日の新聞で、「感染症とのたたかいほど、社会を構成するすべての人、そして国境をこえた団結と連帯が必要なものはありません」と語っています。それは「とりのこされた人がコミュニティーのなかにいるかぎり、そして世界のどこかにいるかぎり、ウイルスはまたもどってくる」からだと述べています。

新興国：政治や経済が発展途上にある、今後の成長余地が大きい国のこと。中国やブラジルなど。開発途上国：経済発展や開発の水準がほかの国にくらべて低い国のこと。主にアフリカ諸国。国連開発計画（UNDP）：貧困や不平等をなくすことなどを目的とした国連の開発援助機関。1966年に発足。

どんな状況でも希望はあることを教えてくれる

ジェーン・グドール

Jane Goodall

1934年生まれ。イギリスの動物行動学者・環境活動家。チンパンジー研究の先駆者。1991年に立ちあげた環境教育プログラムルーツ・アンド・シューツは世界60か国に広がっている。2002年に国連平和大使に任命された。

チンパンジーの研究で世界的に知られる先生がCOVID-19について何を語ったんだろうね。興味ぶかいね。「暗雲」は英語でdark cloud、そのままだね。

2020年3月20日、ビデオメッセージ

"There is one silver lining to this dark cloud." (→p20)

今回の暗雲には、光明があります。(→p18)

このページの日本語は、イギリス人の話す英語から
訳したものです。翻訳する際には、極力わかりやす
い日本語にするように心がけました。

わたしは今、病気の方、その方の家族や友人、患者のために献身的に
仕事をする医者、医療従事者の方がたのことを考えています。また、
ワクチンや治療法を一生懸命研究している世界中の科学者の方がたのことも。

　このパンデミックのせいで経済危機が深まり、多くの産業、とくに運輸業や観光業が打撃を
受けたため、多くの人びとが解雇されました。しかも、ものすごい規模です。（中略）

今回の暗雲には、光明があります。それは、このパンデミックにより野生動物の狩猟、密
売、そして野生動物を食べることの問題についての議論が再開されたことです。

　COVID-19は、動物からヒトへ、種の壁をこえて感染するウイルスの1つです。今回のウイ
ルスは中国の武漢市にある生鮮市場で売られていたコウモリかセンザンコウがそもそもの宿主
だったといわれています。その市場では、生きた動物が食用として売られていました。

　SARSによるパンデミックも、広東省の生鮮市場からはじまりました。おそろしいエイズの世
界的流行は、中央アフリカで食用として売られていたサルやチンパンジーが持っていたウイル
スからはじまったと考えられています。チンパンジーと人間はとても近い存在です。DNA*の
実に98.6％が共通しています。自分たちを守るためだけでなく、サルやチンパンジーをはじめ
とする野生動物たちを守るための行動を、わたしたちはとらなくてはなりません。

コウモリ。

新型コロナウイルスの最初の宿主
の1つだったと考えられるセンザン
コウ。漢方薬の原料などとして密
猟が絶えず、絶滅の危機にある。

＊「DNA」とは、生体の遺伝子情報を保持している物質。

あ りがたいことに中国政府は迅速に対応し、野生動物の密売、飼育および販売を全国的に
禁止しました。わたしたちは、今後、ほかの目的、とくに伝統医学につかわれる野生動
物もふくめ、それらの禁止が永続することを強く期待します。そうすれば、中国は、野生動物
を薬や革製品にしてきた国ぐにとっての良いお手本となるでしょう。裕福な人びとが狩りの
勲章としてサイの角やゾウの牙、動物の頭をはく製にすることも、世界中からなくなります。
これにより、少なくとも将来のパンデミックの要因の１つがなくなるのです。

こ うした状況下では、人間の最悪と最善が目の当たりになるもの。COVID-19が広がりは
じめてから、中国人ばかりでなくアジア系の人びとに対する何百件ものヘイトクライム
（憎悪犯罪）が報告されています。また、病院からマスクや消毒液をぬすむ人がいるという報告
もあります。

その一方、体調の悪い人たちの看病をしたり、必要としているところにマスクを届けたり、
外出のできない人びとのために食料を届けたり、差別を受けている人びとに――ふれることな
く―― 手を差しのべたりする人のほうが、はるかに多いのです。

こうした日びのなか、たくさんの人が人間の最善の面――思いやりや利他主義を見せていま
す。こんなときだからこそ、わたしたちの命をかけて、世界をより良くしていきましょう。と
もにこの難局を乗りこえて、わたしたちの人生において、何が本当に大切なものかを学びま
しょう。それは、家族、友情、愛、そして何よりも健康であることです。

※赤字の部分が、p17のキーセンテンスの日本語訳です。

ヘイトクライムについて

「ヘイトクライム」とは、人種や宗教、性別、障
がいなどを理由にして、ほかの人を差別したり、
悪口をいったり、暴力をふるったりする犯罪のこ
と。hateは「憎しみ」、crimeは「犯罪」という意
味だよ。
　COVID-19の感染が急激に世界中に広まると、グ
ドールさんがくらすイギリスやぼくの母国アメリカ、
そのほか多くの国でも、世界初のCOVID-19感染者
が見つかった中国やほかのアジア諸国からの留学
生、その国で生まれ育って中国にはいったことのな
い人までが、ヘイトクライムの被害にあったんだ。
　ヘイトクライムをする人は、目に見えないウイル
スへの恐怖や不安をだれかのせいにして、少しでも
自分の不安をまぎらわせようとしているんだね。で
も、感染源の国だからといって、その国の人を差別
するなんて、ぜったいにおかしいよね。

この本の英語ページはどれも、読むのがむずかしいものです。でも、この本の読者なら、いつか読んでもらえることを考えて掲載してあります。

大人の人といっしょに日本語とくらべて読んでみるといいね。

I'm thinking of those who are sick, and their family and friends, of the doctors and health care practitioners, who are working selflessly to care for their patients. And of the scientists around the world working desperately to find a vaccine or cure. Then there are those who have been laid off work, as the financial crisis deepens and the effect this pandemic is having, on so many industries, especially the transport sector and tourism sector. The sheer scale of all this is terrifying. (…)

There is one silver lining to this dark cloud. This pandemic has reopened the discussion about the hunting, eating and trafficking of wild animals. COVID-19 is one of those viruses that have crossed the species barrier and jumped from animals to humans. Evidence suggests that the host in this case was a bat, or possibly a pangolin, for sale in the wet market of the Chinese city of Wuhan, where live animals are sold for food.

The SARS pandemic originated in the wet market in Guangdong. The terrible AIDS pandemic came from viruses that jumped from monkeys and chimpanzees sold for meat in Central Africa. Chimpanzees and humans are closely related, we share 98.6% of our DNA, so avoiding contact with them protects them from human infectious diseases, as well as us from theirs. So we must act: not only to protect ourselves, but also the great apes and other species as well.

Thankfully the Chinese government has reacted swiftly and imposed a ban on the trafficking, breeding and selling of wild animals for food, right across the country. We must hope that this ban is

新型コロナウイルスの発生源とされる
武漢市の市場（COVID-19の発生前）。
写真：アフロ

permanent and subsequently must include wild animals used in China for other purposes, especially traditional medicine. This would set an example to all countries where wild animals are exploited for food, research, medicine, for their skins or for trophies hunted by the wealthy, such as rhinos for their horns, elephants for ivory, and others for heads stuffed and hung on the wall. In other words: countries all around the world. This would at least eliminate one cause of future pandemics.

At times like this we see the worst and best in human nature. Since the coronavirus began to spread around the world, there have been hundreds of reports of hate crimes against the Chinese and other people of Asian origin. And there are reports of people who have stolen masks and hand sanitisers from hospitals.

But, there are far more stories of people caring for the sick, donating masks where they are needed, ensuring the housebound have sufficient food, reaching out—without touching—to those who are discriminated against.

So many people during these dark days, are showing the best of human qualities: compassion and altruism. Let's all use the gift of our lives to make this world a better place, especially at this time. Together we shall get through this really difficult time, and we shall have learnt what is truly important in life: family, friendship, love and, above all, our health.

これだけは
暗記しよう！

パックンの１フレーズレッスン

ゼ ア イズ ワン スィルヴァ ライニング トゥ ズィス ダーク クラウド
There is one silver lining to this dark cloud.
今回の暗雲(あんうん)には、光明(こうみょう)があります。

黒っぽい雲で太陽がかくれると、雲の外がわは光るよね？　この「銀の縁(ふち)」が silver lining（光明(こうみょう)）なんだ。それが銀色と感じる日本人はいるかな？　ぼくはこのような、日本語と英語のちがいを考えてほしくて、このフレーズを選んだんだよ。

グドールさんは、パンデミックの多くが野生動物と人間との接触から起きたことで、だからこそ今回、将来のパンデミックの要因を1つなくせる、という希望を訴えました。

イギリスとCOVID-19

イギリスではじめてCOVID-19の感染者が確認されたのは1月31日でした。3月に入るまでの累計は30人に満たず、政府の対策も外出の自粛や手洗いを推奨する程度にとどまっていました。しかし、3月に入ると状況が一変。24日には、累計感染者が1万人をこえました。それまで閉鎖されていなかった学校も20日から休校措置をとり（日本は3月2日からの臨時休校を要請）、23日にロックダウン（→p34）を開始しました。

5月10日には規制緩和が発表され、ロックダウンもじょじょに解除されていくことになりましたが、感染拡大が続き、予断を許さない状況でした。

7月27日時点で感染者が30万人をこえ、死者も4万人以上となり、イギリスはCOVID-19の拡大が深刻な国の1つとなりました。ここまで感染が拡大した理由は、ロックダウンなどのきびしい対策がおくれたせいだと指摘する専門家もいます。一時、ジョンソン首相が感染し、集中治療室に運ばれましたが、幸いにも一命をとりとめました。

おたがいの安全を守るため

COVID-19の感染源は、野生動物である可能性があげられています。同じように、2002年から世界的に広まったSARSや、2012年に発生したMERSなどの感染症も、感染源が野生動物だとされています。14世紀のヨーロッパで推計5000万人もの命をうばったとされる「過去最大の感染症」ペストも、野生のネズミについていたノミによって広がったと考えられています。

グドールさんは、こうした世界的感染拡大をともなう感染症が、野生動物と人間の接触によって引き起こされること、その原因が、人間による「野生動物の狩猟や密売など」だと訴えています。

その一方で今回のCOVID-19のパンデミックを逆にチャンスととらえ、いまだ世界中でおこなわれている「野生動物の狩猟や密売など」を禁止すれば、少なくとも将来のパンデミックの1つの要因をなくせると、希望を伝えています。

なお、人間だけでなく、ほかの種を守ることになるという訴えは、動物行動学者であり、環境保護にも力を入れるグドールさんらしいメッセージです。

イギリス・ロンドンの通り。看板には、人とのあいだを2メートルあけるよう書いてある。

SARS：SARSコロナウイルスによる感染症。2002年に中国の広東省で患者が報告されたのを皮切りに、2003年に世界中に広がった。2003年7月に終息宣言がされるまでに32の国・地域にわたり、8000人をこえる症例、800人以上の死亡が報告された。
MERS：MERSコロナウイルスによる感染症。2012年にサウジアラビアで患者が報告されたのを皮切りに、中東、ヨーロッパなどに広がった。2019年11月時点で27か国での感染が確認されている。報告された症例は2000人以上、死者は800人以上。

バラク・オバマ
Barack Obama

1961年生まれ。アメリカの政治家。1991年から市民派弁護士として活動するかたわら、大学で憲法学を教えた。1996年に政界入り。2009年にアメリカの第44代大統領に就任（～2017年）。アメリカ史上初のアフリカ系アメリカ人の大統領。

アメリカの大統領といえば、トランプさんは知っているよね？その前が、このオバマさん。このふたりはまったくちがうタイプ。大統領が変われば社会も大きく変わるのがアメリカという国なんだ。

2020年5月16日、大学の卒業式のスピーチ

"**If the world's going to get better, it's going to be up to you.**" （→p26）

世界が良くなるかは、あなた方にかかっています。（→p25）

23

オバマ元アメリカ大統領のこの演説は、とても長いものでした。ここでは、COVID-19に関係する部分だけを掲載します。

オバマさんが話していることは、COVID-19の問題というより、アメリカ社会の人種差別問題だ。このシリーズの第2巻とつなげて読んでほしいな。

今は、平常時ではありません。あなた方は、世界がひどいパンデミックとおそろしい不況のまっただなかにあるときに、自分の道を選ぶことを求められています。理想的なタイミングではありません。しかも、正直な話、感染症が流行すると、この国の黒人コミュニティーに昔からあった潜在的な不平等やひどすぎる負担が浮きぼりにされるのです。今回のCOVID-19は、黒人コミュニティーに対し不平等な大打撃をあたえています。これは、ジョギング中の黒人に質問して、彼がその質問に答えなければ銃で撃ってもいいというのと同じようなことです。

このような不当な仕打ちは、今にはじまったことではありません。でも、新しいこともあります。あなたたちの世代は、現状ではいけないことにめざめています。今までどおりのやり方ではいけないと。

どれだけ金持ちでも、まわりの人が空腹で病気なら意味がないとも。わたしたちの社会と民主主義というのは、自分のことだけでなく、まわりの人たちのことを気にかけることができて、はじめて機能するのだとも。

何よりも、このパンデミックで、責任のある立場にある人たちが、自分たちの仕事が何であるのかさえわかっていないことが判明しました。しかも、そういう人たちの多くは、仕事をするふりさえしていないのです。

病院でCOVID-19の治療を受ける黒人の患者。

写真：ロイター / アフロ

世界が良くなるかは、あなた方にかかっています。突然すべてが手に届くように感じられる今だからこそ、あなた方が主導権をにぎるときです。だれも「自分の番を待て」とはいえません。「これがいつものやり方だ」などともいえません。これまで以上に今があなた方の瞬間です。——あなた方の世代が、思ったように世界を変えることができるのです。（中略）

　今、わたしは、あなた方の持つ力をどうつかえばいいかを指示するつもりはありません。あなた方の多くは、自分の力で変化を生みだしています。ただ、あなた方が歩むといいと思う道について、わたしにアドバイスを３つ提供させてください。

　まず、草の根レベルで活動している実際の人のコミュニティーに入ってください。平等と正義のためのたたかいというのは、気づき、共感、情熱、そして正しい怒りからはじまります。インターネット上での活動だけでは意味がありません。（中略）

次に、ひとりではできません。意味のある変化を起こすには、同じ志を持った仲間が必要です。アフリカ系アメリカ人にとって、不公平、不平等、闘争はいつものことです。だからこそ、除外されて差別を受けてきたあらゆる人たちの経験をより理解できるのです。（中略）

　最後に、歴史的黒人大学（HBCU）の卒業生として、あなた方はアメリカでもっともほこりたかい伝統を継承していることを強く自覚してください。好むと好まざるにかかわらず、あなた方は、アフリカ系アメリカ人のお手本なのです。あなた方の、民主主義への参加、正しいことのために立ち上がる勇気、連帯を築く意欲、これらの行動がとても多くのことを語ることになります。逆に、行動を示さない場合も多くを語るのです。

※赤字の部分がp23のキーセンテンスの日本語訳です。

パックンの一言
歴史的黒人大学(HBCU)は１つじゃない

　このスピーチは「歴史的黒人大学（HBCU）」の卒業式でおこなわれたんだけど、HBCUは、1つの大学のことじゃないよ。オバマさんが演説した5月16日の合同卒業式には、なんと全米78大学から2万人以上もオンラインで参加したんだ！　どういうことかって？　HBCUは、黒人への大学教育を目的に1964年ごろまでにつくられた大学をまとめるよび方で、100校くらいあるんだ。1964年というのは、アメリカで人種差別を禁止する「公民権法」ができた年。日本ではこの年、東京オリンピックが開かれたよ。それまで黒人は、白人と同じ建物で学ぶことができなかった。そこでHBCUがつくられたわけだ。今では黒人にかぎらず、あらゆる人種が入学できるんだよ。

These aren't normal times. You're being asked to find your way in the world in the middle of a devastating pandemic and terrible recession. The timing is not ideal. And let's be honest—a disease like this just spotlights the underlying inequalities and extra burdens that black communities have historically had to deal with in this country. We see it in the disproportionate impact of COVID-19 on our communities, just as we see it when a black man goes for a jog, and some folks feel like they can stop and question and shoot him if he doesn't submit to their questioning.

Injustice like this isn't new. What is new is that so much of your generation has woken up to the fact that the status quo needs fixing; that the old ways of doing things don't work; that it doesn't matter how much money you make if everyone around you is hungry and sick; and that our society and democracy only works when we think not just about ourselves, but about each other.

More than anything, this pandemic has fully, finally torn back the curtain on the idea that the folks in charge know what they're doing. A lot of them aren't even pretending to be in charge.

If the world's going to get better, it's going to be up to you. With everything suddenly feeling like up for grabs, this is your time to seize the initiative. Nobody can tell you anymore that you should be waiting your turn. Nobody can tell you anymore "this is how it's always been done." More than ever, this is your moment—your generation's world to shape. (...)

歴史的黒人大学（HBCU）のなかでも、初期の1837年に設立されたチェイニー大学の図書館。

Now, I'm not going to tell you what to do with all that power that's in your hands. Many of you are already using it so well to create change. But let me offer three pieces of advice as you continue on your journey.

First, make sure you ground yourself in actual communities with real people—working at the grassroots level. The fight for equality and justice begins with awareness, empathy, passion, even righteous anger. Don't just activate yourself online. (...)

Second, you can't do it alone. Meaningful change requires allies in common cause. As African Americans, we are particularly attuned to injustice, inequality, and struggle. But that also should make us more alive to the experiences of others who've been left out and discriminated against. (...)

Finally, as HBCU graduates, you have to remember that you are inheritors of one of America's proudest traditions. Which means you're all role models now—whether you like it or not. Your participation in this democracy, your courage to stand up for what's right, your willingness to forge coalitions—these actions will speak volumes. And if you are inactive, that will also speak volumes.

これだけは
暗記しよう！

パックンの１フレーズレッスン

イッツ　ゴウイング　トゥ　ビ　アップ　トゥ　ユー
it's going to be up to you.
それはあなた方にかかっています。

ユー　キャント　ドゥー　イト　アロウン
you can't do it alone.
あなた方はそれをひとりではできません。

ここでは、２つの文を選んだよ。どちらにも it と you が出てくるね。you は、ひとりでも複数でも you だ。前後の言葉との関係で決まるんだよ。また、you や it は、主語になっても目的語になっても形は変わらない。でも I（わたし）、he（彼）、she（彼女）は目的語になると、me、him、her に変化するよ。きみは、もう学校で習ったかな？　また、be up to 〜 は、「〜にかかっている」「〜次第」という意味の慣用句だよ。

もっと知りたい！
メッセージの背景

オバマさんは、COVID-19がアメリカの黒人への人種差別にどう影響しているかについて話しましたが、その内容から、現在のアメリカ社会が見えてきます。

アメリカとCOVID-19

アメリカでCOVID-19の感染者がはじめて確認されたのは、1月21日のこと。世界で5か国目、アジア以外でははじめてでした。

ドナルド・トランプ大統領。

当初ドナルド・トランプ大統領は、COVID-19の感染状況を季節性インフルエンザ程度と軽く考えていました。しかも2月には、COVID-19は「制圧した」「4月までには奇跡のようにいなくなる」などと話していたのです。

ところが、まもなくアメリカの感染者数が急増。3月13日に「国家非常事態」を宣言しましたが、3月26日、感染者数が8万5000人をこえ、とうとう中国やイタリアなど、それまで感染拡大がひどかった国ぐにを抜いて世界最多となりました。

アメリカの感染拡大には、特徴が見られました。それは、黒人が白人の5倍の確率で感染し、死者の4人に1人が黒人だということです（黒人に次いで、スペイン系のヒスパニックも多い）。

こうした背景には、黒人やヒスパニックの人たちは、白人にくらべて貧困層が多く、栄養が不足して基礎疾患をかかえていたりすることから、COVID-19に感染すると重症化しやすいと同時に、お金がなく医者にかかれないなどの問題が指摘されました。

若者を激励する言葉

オバマさんはこの演説のなかで、アメリカの不平等の実態がCOVID-19の拡大により浮きぼりになったと指摘し、トランプ政権のCOVID-19対策を批判しました。

一方、オバマさんは「どんな状況下でも（コロナ禍においても）、今学期の半分をオンライン授業についやしたとしても、みなさんは自分に自信を持つべきだ」「世界が良くなるかは、あなた方にかかっている」などと、聴衆を激励しました。

世界最大のCOVID-19感染国となったアメリカで、その最中に元大統領がこのようなメッセージを発したことに、アメリカ国内だけでなく、海外でも少なからぬ人がおどろくとともに勇気づけられたといわれています。

学校の閉鎖があいつぐなかで、世界の多くの学生がオンラインで授業を受けた。

季節性インフルエンザ：北半球と南半球では冬場に、熱帯地方では一年中流行するウイルスによる感染症。毎年流行し、多くの人が基礎免疫を持っている。

若い女性リーダーが見せたコミュニケーション力

ジャシンダ・アーダーン

Jacinda Ardern

1980年生まれ。ニュージーランドの政治家。10代から政治活動に興味を持ち、ニュージーランド労働党に入党。2008年から国会議員をつとめ、2017年にニュージーランド史上もっとも若い37歳3か月で第40代首相に就任。

この女性がニュージーランドの首相なんだね。まだ若い！ニュージーランドだけでなく、外国でも人気なんだよ。

写真：代表撮影 /AP/ アフロ

2020年3月23日、首相の記者会見

"Be strong and be kind." (→p33)

強くて、優しくいましょう。(→p31)

ここに書かれていることは、日本でも少しあとになってよく聞かされたことです。よく読んで、COVID-19について考えてください。

右下に女性のリーダーについてのぼくの考えを書くよ。

　も　し、この４週間のロックダウンに成功するならば、規制緩和ができますが、失敗したなら、もう少しこの規制とつきあう必要があるでしょう。だからこそ、ルールを守ることが大事なのです。守らずに友人と公園で会ったり、家族とお昼を食べにいくなら、COVID-19が感染拡大し、全国民がレベル４のもとにいる時間が長引きます。ほかの国にくらべて症例が少ないことが好機をあたえてくれていますが、危機をのがれたわけではありません。みなさんにかんたんなことをお願いしているつもりもありません。重大なことです。気が遠くなるようなことです。わたしたちがきびしい選択をせまられているということを共有したかったのです。

　内　閣が考えた新しい医療モデルによると、わたしが今日お話しした対策をとらなければ、何万人ものニュージーランド国民がCOVID-19によって死亡する恐れがあるのです。みなさん、今後の数週間、ほかの人との接触をあきらめて孤立するのです。そうすれば、多くの命が救えるのです。最悪の事態は、がまんできません。もしそうなったら、ニュージーランド史上もっとも多くの国民の命が失われるでしょう。わたしはそのような可能性を認めることはできません。この判断をおくらせれば、ニュージーランドの人びとが、愛する人びとを失ったり、長期間にわたり会えなくなったりします。そうした命を救うために、短期間のロックダウンをするほうがいいと思うからこそ、わたしは、今、この決断をするのです。みなさんに理解していただけることを望みます。

道路わきの電光掲示板にはニュージーランド政府からのメッセージとして「優しくいましょう。落ち着いたままでいましょう」と書かれている。

団結してウイルスのまん延を防ぎ、最悪の事態をさけるチャンスです。わたしが本日お話ししたことを、みなさんが守らなければなりません。これは、どんなに強調してもしきれません。政府はみなさんを守るために全力をつくします。だからみなさんは、今、わたしたち全員を守るために全力をつくしてください。ひとりでは、これは不可能です。みなさんの行動が、ともに新型コロナウイルスのまん延を防ぐのに欠かせないのです。みなさんがこれから役割を果たさなければ、とても多くの人の命が危険にさらされるでしょう。それは決して許容できるものではありません。必要とあらば、法の執行を躊躇しません。わたしたちは一丸となって、COVID-19に対してたたかっていかなくてはなりません。わたしが今日発表した措置が、前例のない経済的および社会的混乱を引き起こすことはまちがいありません。それでも必要なのです。

最後に1つお伝えします。優しくいましょう。法が守られているかどうか、監視したがる人もいます。みんなが恐れと心配をかかえているからです。それも理解できます。でも、その役目は、わたしたちがおこないます。みなさんにお願いしたいのは、おたがいにささえあうことです。今晩家に帰ったら、隣人にようすを聞いてみてください。電話連絡網をつくって、ご近所の人たちとどうやったら連絡がとりあえるか、計画を立ててください。この難局を協力して乗り切りましょう。協力しなければできません。強くて、優しくいましょう。

※赤字の部分がp29のキーセンテンスの日本語訳です。

パックンの一言
女性がリーダーの国ぐにでは……！

ニュージーランドと同じく、女性がリーダーになっている台湾、フィンランド、ドイツ、香港、デンマークなどの国や地域は、COVID-19の対策がうまくいっている！ 男性リーダーの国より、人口比でコロナの死者数が6分の1にとどまるという資料もあるんだ。この理由としては、女性は普段から危険に敏感で、健康に気をつけていることなどがあげられているよ。実際、女性リーダーたちは、危険性を重視し、早めの入国制限、休業や休校、人と距離をとる「ソーシャルディスタンス戦略」などを進めた人が多かった。入院患者用のベッドや人工呼吸器などの医療機器、そして、医者や看護師のためのマスクや手袋なども確保した。さらに、休業中に収入が減った人への給料の補償などを実行した。「迅速かつ手厚い、女性らしい対応が感染者数、死者数をおさえ、経済へのダメージも最低限にした」といわれたよ。本当に女性だからかはわからないけれど、対応が正しかったのはまちがいないね。

アーダーン首相は、常にかんたんな英語で わかりやすく伝えるようにつとめていました。

If we, after those 4 weeks, we have been successful, we hope we will be able to ease up on restrictions. If we haven't, we'll find ourselves living with them for longer. That's why sticking to the rules matters. If we don't—if you hang out with that friend at a park or see that family member for lunch, you risk spreading COVID-19 and extending everyone's time in Level 4. Our low number of cases compared to the rest of the world gives us a chance, but does not mean we have escaped. I do not underestimate what I am asking New Zealanders to do. It's huge. And I know it will feel daunting. But I wanted to share with you the stark choice we face.

New medical modelling considered by the Cabinet today suggests that without the measures I have just announced up to tens of thousands of New Zealanders could die from COVID-19.

Everything you will all give up for the next few weeks, all of the lost contact with others, all of the isolation, and difficult time entertaining children—it will literally save lives. Thousands of lives. The worst case scenario is simply intolerable. It would represent the greatest loss of New Zealanders' lives in our country's history. I will not take that chance.

I would rather make this decision now, and save those lives, and be in lockdown for a shorter period, than delay, and see New Zealanders lose loved ones and their contact with each other for an even longer period. I hope you are all with me on that.

ニュージーランド政府によって市中にはられたポスター。「せきやくしゃみをするときは、ひじでおさえてください」「具合が悪ければ自宅にいてください」「手を洗い、よくかわかせばウイルスを殺せます」などと書いてある。

Together we have an opportunity to contain the spread and prevent the worst. I cannot stress enough the need for every New Zealander to follow the advice I have laid out today.

The Government will do all it can to protect you. Now I'm asking you to do everything you can to protect us all. None of us can do this alone. Your actions will be critical to our collective ability to stop the spread of COVID-19. Failure to play your part in the coming days will put the lives of others at risk. There will be no tolerance for that and we will not hesitate in using enforcement powers if needed. We're in this together and must unite against COVID-19.

I am in no doubt that the measures I have announced today will cause unprecedented economic and social disruption. But they are necessary.

I have one final message. Be kind. I know people will want to act as enforcers. And I understand that, people are afraid and anxious. We will play that role for you. What we need from you, is to support one another. Go home tonight and check in on your neighbours. Start a phone tree with your street. Plan how you'll keep in touch with one another. We will get through this together, but only if we stick together. Be strong and be kind.

これだけは
暗記しよう！

パックンの1フレーズレッスン

ナ　ン　　オヴ　アス　　キャン　ドゥー　ズィス　　アロウン
None of us **can do** this alone.
わたしたちのだれもがこれをひとりではできない。

none of us は、「わたしたちのだれもが〜ない」という意味。たとえば none of us is perfect. は、「わたしたちのだれもが完璧ではない」ということだよ。上の文の can do this alone は、「これをひとりで（alone）できる」という意味だから、文全体としては「わたしたちのだれもがこれをひとりではできない」となる。そのように日本語にしてもいいけれど、「ひとりでは不可能」としたほうが意味が伝わるね。

もっと知りたい！メッセージの背景

2020年、ニュージーランドは、COVID-19の感染者数・死者数ともに低くおさえることに成功しました。それには、アーダーン首相のメッセージが大きく影響したといわれています。

ニュージーランドとCOVID-19

ニュージーランドは、COVID-19への対策を早くおこない、世界の国ぐにとくらべて感染拡大をおさえることに成功しました。

ニュージーランドではじめて感染者が確認されたのは2月28日。すでに中国本土を経由した外国人旅行客の入国を禁止していましたが、次第に入国制限をきびしくし、段階的に対策を強化していきました。3月19日には国境を封鎖し、3月25日に全国のロックダウンをおこないました。これに対して、日本が「緊急事態宣言」を発令したのは、4月7日。すでに感染者が4000人以上、100人近い死者が出てからでした。

こうした早めの感染症対策が功を奏し、ニュージーランドは新規感染者数が4月はじめにピークに達したあとじょじょに減少し、新規感染者数が17日間連続でゼロとなった6月8日にロックダウンを解除しました。

それでも経済活動が再開すると、ふたたび感染者が増加。8月25日時点では、感染者が約1300人、死者約20人となりました。それでも、感染拡大が小さい国であることは確かでした。

「強く、優しく」

ニュージーランドで4月におこなわれた世論調査では、調査対象者の92%が「政府の方針にきちんとしたがって生活している」、83%が「政府を信用して

いる」と答えました。

実は、このように国民が政府に信頼をよせている理由には、アーダーン首相が2017年の就任以来、記者会見やSNSなどを通じて、頻繁に国民に自分の考えを伝えてきたことがあげられています。

ロックダウン後には、自宅で子どもを寝かしつけてからトレーナー姿で動画にあらわれ、「公園で運動はできます。でも、遊具にはさわらないで」などと、わかりやすい言葉で、国民に感染対策を訴えていました。そして、いつも最後に「強く、優しく」と語り、メッセージを終えるようにしていました。

こうしたことが、国民に親近感と安心感をあたえているともいわれます。しかも、海外からも、「危機時におけるコミュニケーションのお手本」と高く評価されました。

ニュージーランドではロックダウンのあいだ、散歩中の子どもがたのしめるよう「テディベアハント」がおこなわれ、多くの民家が窓辺にぬいぐるみを置いた。

ロックダウン：都市封鎖。対象地域内の住民の行動を制限すること。制限の内容や強度（罰則の有無や内容）はさまざま。

世論調査：特定の事項における人びとの意見や態度を明らかにするための統計的な調査。

フランク=ヴァルター・シュタインマイヤー

Frank-Walter Steinmeier

1956年生まれ。ドイツの政治家。1986年、国家司法試験に合格。1991年、法学博士号を取得。外務大臣（2005〜2009年、2013〜2017年）や副首相（2007〜2009年）を経て、2017年よりドイツの第12代大統領をつとめる。

ドイツでは、アンゲラ・メルケル首相がよく会見しているけど、シュタインマイヤー大統領もとても大切なことを教えてくれているよ！

2020年4月11日、大統領のテレビ演説

"I believe we are at a fork in the road." (→p38)

わたしたちは、分岐点に立っている。(→p36)

ここではパンデミックをどう乗り切るか、また乗り切ったあとの世界のあり方についてなど、大切なことを伝えています。

ふつうの生活にもどりたいと、わたしたちみんなが請い願っていることは、当然わたしも承知しています。しかし、それはどういうことでしょうか？　昔からの単調な生活や習慣にできるだけ早くもどるということでしょうか？

そうではないでしょう。（コロナ後の）世界は、以前とは別のものになるはずです。どのようになるのかは、わたしたち自身にかかっています。経験から学ぶのです。良かったことも、悪かったことも、今回の危機の日びの経験から学ぶのです。

わたしたちは、分岐点に立っている。わたしはこう思います。危機が進行中の今、わたしたちがとりうる2つのことなる方向性が見えています。だれもが自分のことのみを考え、人を押しのけ、買いしめに走り、自分がほしいものを確保する、そんな世界をめざすのでしょうか？　それとも、人のために、社会のために、役立ちたいという新たにめざめた気持ちが人びとの心にとどまりつづけ、はちきれんばかりの創意工夫と助けあいの精神が、今後も維持されるのでしょうか？　買い物を手伝ってあげた年配の隣人との交流は続くのでしょうか？

レジ打ちの人や小包配達の人に今後もしかるべき敬意を払いつづけるのでしょうか？　看護や介護、食品・生活必需品の供給、ライフラインの確保、福祉、保育、学校の現場において、欠かすことのできない働きをしてくれている人びとに対する敬意を、感染拡大が過ぎさったあとも、わたしたちはおぼえているでしょうか？　また、今回の事態を経済的にうまくやりすごすことができた人びとは、とくに痛い打撃をこうむった人びとが立ち直るために、支援の手を差しのべるでしょうか？

Wir arbeiten Hand in Hand, aber wir schütteln sie uns nicht.

感染防止のため握手をしないようにと注意をうながす、ドイツ語のポスター。

らに、世界においては、おたがいに協力してこの事態の克服への道をさぐるのでしょうか？　それとも、それぞれが孤立し独走する道を選ぶのでしょうか？　ワクチンや治療法をより早く開発できるように、知識と研究成果を共有し、地球規模の同盟を形成することにより、貧しい国ぐに、もっとも弱い国ぐにも、恩恵を受けられるようにしていくべきではないでしょうか？　そうです。この感染症の世界的拡大は、戦争ではないのです。国と国がたたかっているわけでも、兵士と兵士がたたかっているわけでもないのです。この事態により、わたしたちは、人間性が試されているのです。この事態は、人間のもっとも悪い面ともっとも良い面の両方を引きだします。わたしたちはおたがいに最良の面を示していきましょう。ヨーロッパにおいても最良の面を示していくべきです。近隣諸国が力強く回復しなければ、ドイツも力強く回復することはできません。ここに青い旗（EU旗）がかざってあるのには理由があるのです。ドイツ統一から30年、第二次世界大戦の終戦から75年をむかえ、わたしたちドイツ人は、ヨーロッパで連帯を示すよう求められているだけでなく、連帯する義務も負っているのです。

連帯。これは、確かに高尚に響く言葉です。しかし、今だれもが、まさに自分のこととして、人間の存在にかかわるような形で、この言葉の意味を現実のものとして経験しているのではないでしょうか？　自分自身の行動は、ほかの人の命を左右しているのです。

　この貴重な体験を、大事にしていこうではありませんか。今みなさんが毎日実行している連帯を、わたしたちは今後も必要としていくでしょう。今回の危機が過ぎさったあと、わたしたちの社会は、以前とことなっているでしょう。不安や不信感のあふれる社会になってほしくはありません。より多くの信頼と思いやりと希望にあふれる社会をわたしたちは実現できるのです。

※赤字の部分がp35のキーセンテンスの日本語訳です。

コロナ禍と戦争

　シュタインマイヤー大統領は第二次世界大戦のことにふれているけど、実は、COVID-19におびえる「コロナ禍」での生活を、戦争中の生活になぞらえる人はけっこういるよ。どちらも、人びとの意思とは関係なく、不自由を強いられるからなんだ。

2020年が戦後75年だということも関係しているかもしれない。コロナ禍では世界中の人がいっせいにウイルスとたたかっている。だからこそ「連帯（solidarity）」することが大事なんだね。

英語で
読もう！

この文はドイツ語から英語に訳したものです。
色のついた文字を目印にして、1文だけでも
いいので、日本語とくらべて読んでみましょう。

日本語と
読みくらべて
みるとわかる
かも！

Of course, I know that we all yearn to return to normality. But what exactly does that mean? Getting back as soon as possible to our old routine and habits? No, the world that lies ahead will be different. What will it look like? That is up to us. Let us learn from everything—the good and the bad—that all of us are experiencing day by day in this crisis.

I believe we are at a fork in the road. Already now, in this crisis, it is clear that we have two options: Will it be every man and woman for him—and herself, with us elbowing our way through life, gathering what we can and making sure our own needs are met? Or will we keep up our newly found dedication to each other and to society? Will we maintain the creativity and willingness to help that has burst onto the scene? Will we stay in touch with the elderly neighbour whom we helped with his shopping? Will we continue giving the cashier and the postman the appreciation they deserve? What is more, when the crisis is over, will we remember how much we should value the essential work that is being done by caregivers, those who supply our needs in daily life, and those working in social professions, nurseries and schools? Will the ones who survive this crisis economically intact help those who have been hardest hit?

食料品などの買いしめが起き、空になったドイツのスーパーマーケットの陳列棚。

And will we join up around the world to search for a solution—or will we fall back into isolation and everyone going it alone? Let us share all knowledge and research, so that we can more rapidly find a vaccine and therapies. And let us form a global alliance that works to ensure that the poorest and most vulnerable countries also get access. No, this pandemic is not a war. It does not pit nations against nations, or soldiers against soldiers. Rather, it is a test of our humanity. It brings out the worst and the best in people. Let us show each other our best side! And let us do so in Europe as well. Germany cannot emerge from the crisis strong and healthy if our neighbours do not also become strong and healthy. This blue flag is here for a reason. Thirty years after the reunification of Germany, and 75 years after the end of the war, we Germans are not only called on, but are actually obligated, to show European solidarity!

Solidarity, I know, is a lofty concept. But is not each and every one of us now experiencing, in a very personal and existential way, what solidarity means? My actions are essential for the survival of others. Let us hang on to that precious realisation. The solidarity that you are currently showing every day is what we will need even more of in the future. After this crisis, we will be different as a society. We do not want society to become anxious or distrustful. Instead, we can be a more trusting, considerate and confident society.

これだけは
暗記しよう！

パックンの１フレーズレッスン

ザット　イズ　アップ　トゥ　アス
That is **up to us**.
（それは）わたしたち自身にかかっています。

upとto はとてもシンプルな単語だけど、組みあわさると、いろいろな意味に変化するよ。たとえば、up to now で「今までのところ」、it's up to you. で「きみ次第だ」となる。

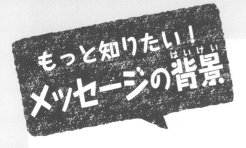

もっと知りたい！メッセージの背景

世界がたいへんな状況にあるからこそ、連帯が必要だというドイツのシュタインマイヤー大統領のスピーチの内容は、世界中から高く評価されました。

ドイツとCOVID-19

ドイツでは、1月27日に南部バイエルン州ではじめて感染者が確認されて以降、急速に感染が広がりました。ドイツは、州政府の権限が尊重されている連邦国家です。このため、当初はCOVID-19の対策も、州ごとにおこなわれました。3月22日になってようやく、中央政府と州が合意。一部の国の出入国を禁止し、全国一律に「接触制限」がとられました。同居家族以外との接触をさけることを定めたのです。また、食料品などの買い物は許可されるものの、飲食店は閉鎖（宅配などは可能）、美容院のような体の接触がさけられないサービス業は停止となりました。一部の州では、違反者に罰金も科せられました。

低い致死率

ドイツは感染者数が多いものの、ほかのヨーロッパの国ぐにとくらべ、致死率（病気にかかった人のうち病気で死亡した患者の割合）が低いことが評価されました。8月25日時点でのドイツの感染者・致死率は約23万人・4.0％。これに対し、たとえば、ヨーロッパで最初に爆発的感染の起きたイタリアは、26万人で、13.7％。この理由としては、致死率の高い国では医療崩壊が起きたのに対し、ドイツではウイルスの検査体制を整え、感染者を迅速に隔離し、救命治療をおこなったこと、もともと病床数が多かったことなどから、感染爆発をさけられたことがあります。

「連帯」が大切

COVID-19の感染が拡大すると、ヨーロッパ連合（EU）内でも多くの国が国境を閉鎖して人の移動を制限しました。このためイタリアが医療防護具などの支援をEU加盟国に要請したときも、それに応じる国はありませんでした。しかし、シュタインマイヤー大統領は、こうした状態だからこそ「連帯」が重要だとして、イタリアだけでなく、スイスやオーストリアなどに対し医療用物資を支援し、近隣諸国の重症患者の受け入れもおこないました。

EUの本部。建物の前の青い旗はEUの旗。

医療崩壊：患者数に対して病床や人工呼吸器、医師らが不足すること。ヨーロッパ連合（EU）：政治や経済、安全保障の統合をめざして設立されたヨーロッパ地域統合体。1967年に設立されたヨーロッパ共同体（EC）がはじまり。27か国が加盟している（2020年8月時点）。英語で、European Union。

池上 彰
いけがみ あきら

Akira Ikegami

1950年生まれ。日本の
ジャーナリスト。1973年、NHK
エヌエイチケー
に記者として入局。2005年3月に
NHKを退社後、ジャーナリストとして
エヌエイチケー たいしゃ ご
活躍。著書多数。ニュース解説など
かつやく ちょしょ かいせつ
のテレビ番組への出演も多い。
しゅつえん
名城大学教授、東京工業大学
めいじょう きょうじゅ とうきょう
特命教授をつとめる。
とくめい きょうじゅ

池上彰さんが
いけがみあきら
このメッセージを出したのは、
4月16日に全国に「緊急事態宣言」が
きんきゅう じ たいせんげん
発令された10日後のこと。みんなが
「ステイホーム」を実践していながらも、
じっせん
ゴールデンウィークで外出する人が
多くなれば感染者が増える
かんせんしゃ ふ
と心配されていたころ
だよ。

2020年4月26日、『毎日小学生新聞』の紙上

"I hope you make your time meaningful, too."
アイ ホウプ ユー メイク ユア
タイム ミーニングフル トゥー
(→p45)

あなたも有意義な時間にしてください。(→p43)
ゆういぎ

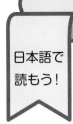
池上さんのメッセージは、シェークスピアやニュートンの例が出ていて、具体的でとてもわかりやすいです。

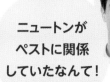
ニュートンがペストに関係していたなんて！

新型コロナウイルスの感染拡大を防ぐために休校になっている学校も多いですね。過去にも、感染症のために劇場や大学が閉鎖されて、そのあいだに、芸術や科学の分野で、新しい進歩がありました。いやになることばかりの今、少し前向きに考えてみましょう。

今から3000年ほど前の古代エジプトの王だったラムセス5世のミイラにも、天然痘という病気の痕が見つかっています。天然痘は、今でこそ世界からなくすことに成功しましたが、昔は死亡率が高く、たいへんおそれられていました。感染すると、顔などに"あばた"（デコボコのあざのようなもの）ができます。ラムセス5世のミイラにも、それが残っていたのです。

あるいは、2400年ほど前、古代ギリシャのアテネとスパルタが戦争をして、アテネが敗れたのですが、理由の1つは疫病が広がったせいだと、当時の歴史書（ツキディデス『戦史』）に書かれています。この疫病も天然痘あるいは、はしかだろうと見られています。さらに、14世紀や17世紀にはヨーロッパでペストが流行しました。ペストは、体が黒ずんで死んでしまうので、「黒死病」とおそれられました。当時は、ペストの正体がわからなかったのでおそれられていましたが、今ではペスト菌という細菌が原因であることがわかっています。

16世紀から17世紀にかけてのイギリスにウィリアム・シェークスピアという劇作家がいました。「ロミオとジュリエット」や「ハムレット」などの作品で知られています。「ロミオとジュリエット」は、恋するふたりの悲恋の物語。ふたりでにげるための大事なやりとりの手紙を届ける人が、ペスト患者の隔離騒動にまきこまれ、足止めされてしまいます。手紙が届かなかったために、悲劇が起きたという物語です。

劇作家のウィリアム・シェークスピア。

物理学者のアイザック・ニュートン。

当時のイギリスでペストが流行していたので、このストーリーが現実味をおびたのですね。このころのイギリスでも、感染拡大を防ぐために劇場が閉鎖されました。シェークスピアの作品が上演されなくなるわけですから、仕事がなくなってしまいました。そこでシェークスピアは自由になる時間を得て、「ビーナスとアドーニス」などの名作を書きました。

同じ時代のイギリスには、アイザック・ニュートンという物理学者がいました。ケンブリッジ大学にいたのですが、やはりペストの流行で大学が休校になってしまいました。今と同じですね。そこで彼は故郷に帰り、ひとりで研究をしているとき、リンゴの木から実が落ちるのを見て、「リンゴの実は落ちるのに、なぜ空に浮かんでいる月は落ちてこないのだろう」と疑問に思い、「万有引力の法則」を見いだしたといわれています。ニュートンが本当にリンゴの実が落ちるのを見て思いついたのかどうかは、実ははっきりしていないのですが、「ニュートンのリンゴの木の子孫」といわれるものは、日本の小石川植物園などに移植されています。感染症の流行は悲劇ですが、急に生まれた自由な時間を生かして歴史に残る作品をつくりだした人もいるのです。あなたも有意義な時間にしてください。

※赤字の部分がp41のキーセンテンスです。

パックンの一言

強がるのが男？

　ぼくは、池上さんのテレビ番組に出させていただいて、いろいろ教えてもらっているんだ。このページでは、池上さんもいいそうなことを、書いてみようと思うんだ。31ページと関連させて、世界の男性リーダーについて見てみるよ。

　COVID-19対策で「悪目立ち」しているのが、アメリカのドナルド・トランプ大統領やブラジルのジャイル・ボルソナロ大統領、イギリスのボリス・ジョンソン首相かな。トランプ大統領は「コロナは奇跡のように、近いうちに消えるはず」、ボルソナロ大統領は「小さなインフルエンザみたいなものだ」と危険性を否定し、2人ともずっとマスクをせずに活動していたよ。ジョンソン首相は感染者のいる病院で「みんなと握手した」と、危険な行為を自慢して見せた。こういうのを見ていて、ぼくは、強がって危険を軽視するのが男っぽい対応だと感じたんだよ。「男っぽい」というとカッコいいことのように聞こえるけれど、3人の行為はとてもばかげているよ。個人的な話をするけど、ぼくの父親が、「だいじょうぶだよ」といって、素手で軒下のハチの巣を駆除しようとしたことを思いだすんだ。

　2020年8月時点で、感染者数はアメリカが世界1位で、ブラジルが2位という不名誉な記録。しかも皮肉なことに、あんなに強がっていたボルソナロ大統領もジョンソン首相も感染してしまった！トランプ大統領は、自分の選挙集会のために何千人もの人を密閉空間に集めて、感染を拡大させたといわれたよ。男性だからかどうかはわからないけれど、対応としては、まちがっていたね。

Many schools are closed at the moment in order to prevent the spread of COVID-19. There have been times in the past when the closing of theaters and colleges during a contagion led to new advances in the arts and sciences. With so many things to be gloomy about, let us try to think positively.

A smallpox scar has been found on the mummy of Ramses V, the king of ancient Egypt roughly 3000 years ago. Now, smallpox has been successfully eliminated from the world, but in the past, this extremely deadly disease was greatly feared. People with smallpox would get "pockmarks" (like bumpy bruises) on the face. It was the scar from one of these that was detected on the mummy of Ramses V.

About 2400 years ago, the ancient Greek city-state of Athens lost a war to it's rival Sparta. According to the contemporary historical account (Thucydides' "History of the Peloponnesian War") one of the reasons for Athens' defeat was an infectious disease outbreak. That disease was most likely smallpox or measles.

In the 14th and 17th centuries, the plague was widespread in Europe. It was given the terrifying name "Black Death," referring to how victims' bodies would turn black before dying. At the time, the cause was not understood, adding to the terror. Today we know that the plague is caused by the plague bacillus bacterium.

The playwright William Shakespeare lived in England in the 16th and 17th centuries. He is known for writing plays such as "Romeo and Juliet" and "Hamlet". "Romeo and Juliet" is a romantic tragedy about two young people in love. In it, there is an important letter with plans for the two to escape to happiness, but the person carrying it got caught up in a quarantine during a contagion. The tragedy occurs because of this undelivered letter.

It was a realistic dramatic device, as the plague was common in England at the time. Just like now, the theaters were closed in order to stop the spread of the disease. With nowhere to show his plays, Shakespeare was essentially out of work. With his newfound free time, Shakespeare decided to try his hand at poetry. He ended up penning masterpieces like "Venus and Adonis".

Around the same time in England, there was a physicist named Isaac Newton. He was studying at Cambridge University, when the plague struck. The university was closed—just like now. Newton retreated to his home in the country. There, while studying alone, he watched an apple fall from a tree and wondered "why doesn't the moon floating in the sky fall to earth like an apple?" This led to his discovery of the "law of universal gravitation," or so it is said.

Whether Newton really came up with the idea while watching a falling apple is anybody's guess, but the so-called "descendants of the Newton's apple tree" can be found growing in Japan's Koishikawa Botanical Garden, among others.

Epidemics are tragedies, but some people have made use of the sudden free time they provide to create works that go down in history. I hope you make your time meaningful, too.

これだけは
暗記しよう！

パックンの１フレーズレッスン

ステイ　ホウム
Stay home.

家にいてください。

池上さんのメッセージには入っていないけれど、「ステイホーム（stay home）」という言葉は、このメッセージが発せられた時期に「家にいてください」という意味でつかわれはじめたんだ。これをはじめて聞いた人のなかには、なんだか犬にいうセリフみたいだと思った人がいたというよ。なぜなら、犬の訓練で「ステイ」は「待て」、「ホーム」に似た意味の「ハウス」が「ケージにもどれ」の意味だからなんだね。それでも、いいやすさもあって、「ステイホーム」を多くの人がつかうようになったわん！

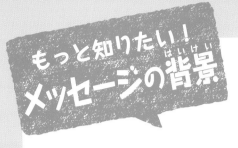

もっと知りたい！
メッセージの背景

人類は、感染症とたたかうなかで、さまざまな知恵を身につけ、文化を生みだしてきました。池上さんがみんなにそのことを知らせたのは、何のためだったのでしょうか？

日本とCOVID-19

　日本で最初にCOVID-19の感染が確認された人は、中国湖北省武漢市に滞在したことのある中国人でした（1月15日）。1月28日に日本人初の感染者が出ると、日本でも感染拡大の危機感が少しずつ高まります。2月3日、乗客・乗員3600人以上を乗せたクルーズ船が横浜港に寄港。その船からすでにおりた乗客のひとりが感染していたことがわかりました。すると、政府は乗客の下船を認めず、船内でも検疫を進めました。しかし、船内で感染が拡大し、最終的に700人以上が感染。一方で、日本国内でも感染者がじょじょに増え、「どこでだれから感染するかわからない」という不安が、社会全体にどんどん広まっていきました。

　日本では、外出制限などを実施するにも、罰金や罰則を科すことが法律で認められていません。それでも、3月2日からは学校が休校となり、子どもたちは突然長い春休みに突入。国民に外出の自粛が求められ、4月16日、ついに「緊急事態宣言」が全国に発令されました。仕事はテレワークとなり、飲食店などが閉店。期末テストや卒業式、入学式なども中止や延期となりました。東京オリンピック・パラリンピックも延期が決定しました。

休校で見えた「教育格差」

　休校のあいだ、インターネットをつかった「オンライン授業」を導入した学校もありましたが、ほとんどは、対応できなかったり、導入の時期がおそかったりしました。また、家庭の経済状況によって、オンライン授業を受けるためのパソコンなどの機器をそろえられなかったり、インターネットにつなぐ環境をととのえられなかったりする格差が生じました。この格差は「オンライン格差」といわれました。

　オンライン格差は、にわかに社会問題となり、これまでの、都市と地方とのあいだ、また、家庭のあいだの「経済格差」を浮きぼりにしました。

池上さんの提言

　ペストのために家で自粛していたことを、ニュートンはのちに「創造的休暇」とよんだといいます。池上さんは、ニュートンがその休暇中に「万有引力の法則」を見いだしたことやシェークスピアが後世に残る大作を生みだしたことを指摘しました。多くの人は、「そうだったのか！」とびっくり。

　池上さんは、過去の立派な人たちが感染症の影響でぽっかりあいた時間を有意義につかったように、みんなも「前向きに行動してほしい」と語りました。

横浜港に寄港したクルーズ船、ダイヤモンド・プリンセス号。

テレワーク：英語の tele（はなれた場所）と work（働く）をあわせた造語 telework のことで、情報通信技術を活用した、場所や時間にとらわれない働き方のこと。万有引力の法則：すべての物体のあいだには引力が作用するという法則。

さくいん
・・・・・・・・・・・・・・・・・・

■著・監修／パトリック・ハーラン（パックン）
1970年生まれ。アメリカ合衆国コロラド州出身。1993年、ハーバード大学卒業後
来日。福井県で英会話講師をつとめ、1996年に役者を目ざして上京。1997年に吉
田眞（よしだまこと）とお笑いコンビ「パックンマックン」を結成。「爆笑オンエア
バトル」（NHK）や「ジャスト」（TBS）などで人気を博す。現在は「Newsモーニング
サテライト」（テレビ東京）や「勝利の条件 スポーツイノベーション」（NHK BS1）
などで司会やコメンテーターとして活躍。2012年から東京工業大学で非常勤講師
をつとめる。著書に『ツカむ！話術』『大統領の演説』（角川新書）ほか多数。

■編／稲葉茂勝
1953年東京都生まれ。大阪外国語大学・東京外国語大学卒。これまでに編集者と
して1300冊以上の作品を手がけてきた。自著も80冊以上。近年は、子どもジャー
ナリスト（Journalist for Children）として著作活動を続けている。

■編さん／こどもくらぶ（中嶋舞子、二宮祐子、石原尚子、根本知世）
あそび・教育・福祉の分野で、子どもに関する書籍を企画・編集している。図書館
用書籍として、毎年5〜10シリーズを企画・編集・DTP制作している。これまでの
作品は1000タイトルを超す。

■原文の出典
p6、p8〜9：Medium "Milan Principal Advises Students to go Outside During
Coronavirus Outbreak—for a Good Reason"（一部改変、省略）／p12〜13：毎日小学生
新聞2020年3月1日付、「みんなの目」（一部改変、省略）／p20〜21：the Jane Goodall
Institute Australia "Coronavirus: Dr Jane Goodall's Message of Hope in the Face of
COVID-19"（一部省略）／p26〜27：The Washington Post "Obama tells 2020
graduates: 'If the world's going to get better, it's going to be up to you.' Read the
transcripts of two speeches."（一部省略）／p32〜33：Beehive.govt.nz "Prime Minister:
COVID-19 Alert Level increased"（一部省略）／p36〜37：ドイツ連邦共和国大使館・総領
事館「シュタインマイヤー大統領テレビ演説」（一部改変、省略）／p38〜39：Der
Bundespräsident "Televised address by Federal President Frank-Walter Steinmeier
on the coronavirus pandemic at Schloss Bellevue, on 11 April 2020"（一部省略）／p42
〜43：毎日小学生新聞2020年4月26日付、「みんなの目」（一部改変）

■デザイン／長江知子
■DTP／高橋博美
■制作／株式会社今人舎
■撮影／福島章公
■校正／鷗来堂
■写真協力
表紙：代表撮影/AP/アフロ
©Daniel Case、©Matteo Ceruti
¦ Dreamstime.com、©Robert
Kneschke ¦ Dreamstime.com、
©Erik (HASH) Hersman、
©Charoenchai Tothaisong ¦
Dreamstime.com、©Danski454、
©Governor Tom Wolf、©Gage
Skidmore、©Химки ТВ、
©Alan Tennyson、©Адміністрація
Президента、©Hinnerk Rümenapf、
©BlueBreezeWiki、©Sergii Figurnyi
¦ Dreamstime.com

・英語のカタカナ表記については、基
本的に『ニュースクール英和辞典第2
版』（研究社）にしたがっています。
・この本の情報は、2020年8月まで
に調べたものです。今後変更になる可
能性がありますので、ご了承ください。

英語と日本語で読んでみよう 世界に勇気と希望をくれたメッセージ　①コロナ禍のなかで　　NDC154

2020年10月31日　第1刷発行

著・監修　パトリック・ハーラン
編　　　　稲葉茂勝
発行者　　岩崎弘明
発行所　　株式会社 岩崎書店　　〒112-0005　東京都文京区水道1-9-2
　　　　　　　　　　　　　　　電話　03-3813-5526（編集）　03-3812-9131（営業）
　　　　　　　　　　　　　　　振替　00170-5-96822
印刷所　　三美印刷株式会社
製本所　　株式会社 若林製本工場

©2020 Kodomo Kurabu　　　　　　　　　　　　　　　　　　　　　　　　48p 29×22cm
Published by IWASAKI Publishing Co., Ltd. Printed in Japan.
ISBN978-4-265-08851-5
岩崎書店ホームページ　http://www.iwasakishoten.co.jp
ご意見、ご感想をお寄せ下さい。E-mail info@iwasakishoten.co.jp
落丁本、乱丁本は小社負担でおとりかえいたします。

英語と日本語で
読んでみよう

著・監修／
パトリック・ハーラン（パックン）

世界に勇気と
希望をくれた
メッセージ

全4巻

❶コロナ禍のなかで

❷平和・人権に関して

❸環境の問題

❹文化・スポーツ界で

編／稲葉茂勝